Peldaños

¡SIGAMOS MOVIÉNDONOS!

Carros geniales

por Jennifer Boudart

Reflectores

Los inventores comenzaron a crear automóviles o carros a fines del siglo XIX. En ese entonces, los carros eran básicamente "carruajes sin caballos". Pero ocurrirían grandes cambios en las décadas de 1940, 1950 y 1960. Observemos algunas de las características de los carros que hacen que sean seguros, económicos y bueno, ¡geniales!

La compañía dijo que el carro se llama así por la fuerza de los peregrinos en la roca de Plymouth. El adorno del capó todavía llevaba un barco, el Mayflower, como el modelo de 1942. Pero ahora el adorno del capó brillaba.

Los granjeros usaban un tipo de cuerda llamada bramante de Plymouth para amarrar el heno. Cuenta la leyenda que el carro recibió el mismo nombre tan conocido para que los granjeros lo compraran.

1947

Plymouth DeLuxe Sedan

Cuando la Segunda Guerra Mundial terminó, los fabricantes de automóviles comenzaron a fabricar carros de nuevo. El público estaba ansioso por comprar nuevos modelos. Aún así, los fabricantes de automóviles no podían permitirse invertir en nuevos diseños de carros. Las fábricas habían estado produciendo aviones y tanques durante la guerra. Por lo tanto, Chrysler Corporation actualizó sus modelos de 1942 con unas cuantas características nuevas. Parrillas, luces delanteras y adornos de capó nuevos hacían que los compradores creyeran que estaban comprando un carro diferente.

CARACTERÍSTICAS
Asientos para seis pasajeros
Regulador interior de espejos
Banco elevado en el asiento delantero para que el conductor fuera más alto
Botón pulsador que busca estaciones de radio AM
Precio: aproximadamente $1,200

Una tapa cubría el tanque de combustible, que contenía cerca de 53 litros (14 galones) de combustible.

Los frenos del carro respondían a una presión más suave del pie y desaceleraban el carro más rápidamente que los sistemas de frenos de otros carros.

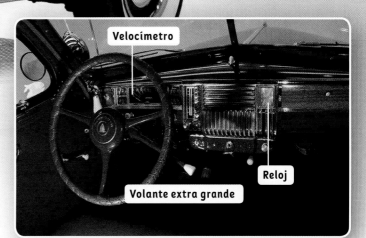

Velocímetro

Reloj

Volante extra grande

1956

Cadillac Eldorado Seville

Cadillac era la compañía de carros lujosa de la década del cincuenta. Se especializaba en carros deslumbrantes. Sus carros tenían mucho cromo, líneas atractivas y motores poderosos. Esta compañía se convirtió en líder de las ventas de carros lujosos durante la década de 1950. En 1956, presentó un modelo llamado Eldorado Seville. Este tenía adornos cromados, aletas elegantes y un motor súper poderoso. Su popularidad ayudó a Cadillac a pasar del décimo al noveno puesto en ventas de carros hechos en los Estados Unidos.

CARACTERÍSTICAS

Asientos eléctricos de seis posiciones
Antena de radio eléctrica
Asientos para seis pasajeros
Llantas con costado blanco
Botón pulsador que busca estaciones de radio AM
Cinturones de seguridad (opción nueva)
Aire acondicionado
Precio: aproximadamente $6,500

Las aletas de Eldorado eran más largas y altas que cualquier modelo presentado en 1956.

La tapa del tanque de combustible estaba oculta en una luz trasera.

Las aletas de Eldorado se parecían un poco a la cola de un tiburón, y las hicieron aún más grandes en modelos posteriores. En realidad mejoraron la conducción al hacer que el carro fuera más **aerodinámico**. La forma aerodinámica permitía que el aire fluyera alrededor del carro para que fuera más fácil de conducir y consumiera menos combustible. Las aletas también ayudaban a estabilizar el carro a velocidades más altas.

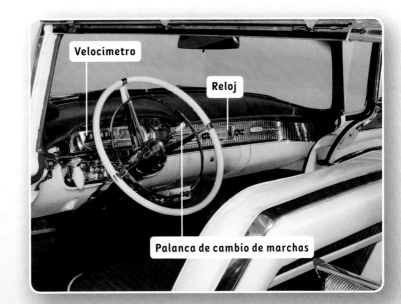

Velocímetro

Reloj

Palanca de cambio de marchas

El cristal tratado les daba a las ventanillas un tinte verde que filtraba la luz solar. El resultado era un andar más seguro y genial.

Un atenuador automático de las luces delanteras detectaba la luz de los autos que se aproximaban. La luz producía una **corriente eléctrica** que accionaba un interruptor de atenuación. Las luces de Eldorado se atenuaban hasta que pasaba el otro carro. Luego brillaban de nuevo. Las luces delanteras atenuadas no molestaban a los conductores que se aproximaban.

Los compradores podían elegir una parrilla revestida en dorado. Los paragolpes con forma de bala ofrecían protección y estilo.

Las ruedas radiales de Eldorado venían con revestimiento plateado o dorado.

1966

FORD MUSTANG CONVERTIBLE

CARACTERÍSTICAS

Cinturones de seguridad frontales
Piso completamente alfombrado
Techo convertible eléctrico
Asientos para cuatro pasajeros, incluidas butacas adelante (para una persona)
Botón pulsador que busca estaciones de radio AM
Precio: aproximadamente $2,650

Más personas compraron un Mustang en 1966 que en cualquier otro año en el que se vendió. A la generación más joven de esa época le gustaba el Mustang porque era muy diferente de los primeros carros. Los Mustang eran exóticos y tenían bastantes opciones de diseño. Ford ofreció tres modelos: una cupé, un *fastback* y un convertible. Los dueños de Mustang podían crear un carro personalizado al elegir el color de la pintura, el estilo de la rueda y el tamaño del motor.

La parrilla de 1966 mostraba un caballo mustang corriendo contra barras de cromo horizontales para darle un aspecto elegante.

Las ruedas con estilo de carro de carrera agradaban a los compradores.

El Mustang se ha producido todos los años desde que se presentó en 1964.

El diseño y el logo del Mustang inspiraron un nuevo estilo de carros llamados "carro pony", con capó largo y parte trasera corta. Y podían ir rápido. Con algunos motores, los Mustang llegaban a velocidades de hasta 135 millas por hora.

El millonésimo Mustang salió de la línea de montaje el 2 de marzo de 1966.

Se podía pedir uno de los 23 colores. Incluían manzana acaramelada, rojo, negro cuervo y amarillo primaveral.

Velocímetro

Volante con estilo de carro de carrera

Palanca de cambio de marchas

Compruébalo   ¿En qué se parecían y en qué se diferenciaban estos tres carros clásicos?

VOLAR POR EL MUNDO

por Judy Elgin Jensen

El 23 de marzo de 2007, Barrington Irving entró en la cabina de un avión llamado *Inspiration*. Estaba por volar y entrar en la historia. Ocho años antes, con 15 años de edad, Irving soñaba con jugar fútbol americano en la universidad. Cuando un piloto le sugirió la **aviación** como profesión, Irving dijo que no era suficientemente inteligente. Pero el piloto invitó a Irving a bordo de un avión y el joven quedó fascinado.

En lugar de aceptar una beca de fútbol americano, Irving trabajó para ganar dinero. Pasó tiempo en el aeropuerto y jugó videojuegos para practicar las destrezas de vuelo. Luego, Irving ganó una beca de la universidad para estudiar ciencias de la aviación. Durante su año final, el nuevo sueño de Irving tomó forma.

BARRINGTON IRVING es piloto y educador. En 2007, con 23 años de edad, Irving se convirtió en la persona más joven y el primer afro-americano en dar la vuelta al mundo volando solo. Irving también fundó "Experiencia Aviación", una organización que enseña a los estudiantes sobre la aviación.

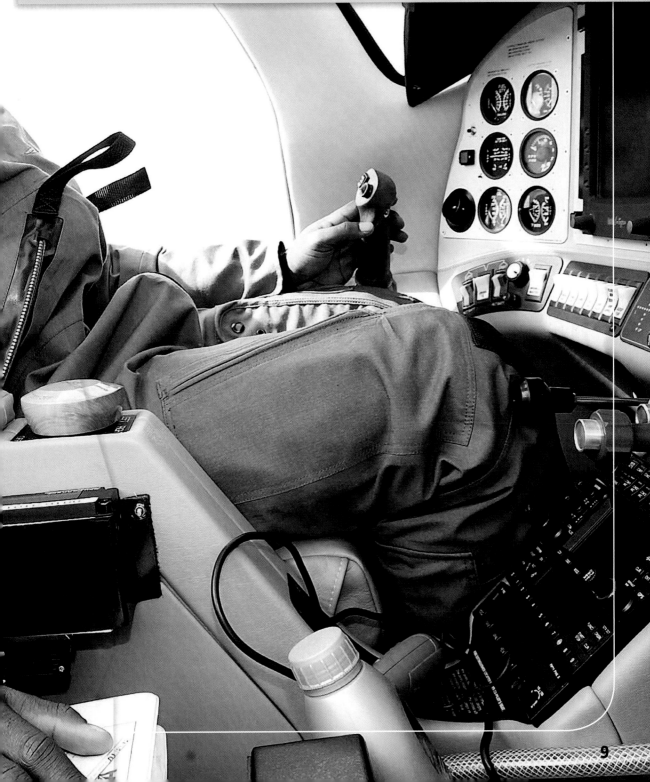

Irving quería ser la persona más joven que diera la vuelta al mundo volando solo. Su sueño parecía imposible. Irving tenía solo 20 años y nadie menor de treinta y cinco años lo había hecho. Además, ¡él no tenía dinero ni avión!

Irving esperaba que unos patrocinadores le prestaran un avión, pero las compañías lo rechazaban. Pensaban que iba a fracasar, debido a su edad. Luego, una compañía acordó construir un avión gratis si Irving aportaba los materiales. Después de dos años, recibió su primera donación: un motor gratis. Pieza por pieza, Irving hizo que su avión se hiciera realidad. Reunió $300,000 en partes donadas para armar un avión rápido y de consumo eficiente. Lo llamó *Inspiration*.

Mientras que se construía el *Inspiration,* Irving aprendió todo sobre su operación. La mayoría de los pilotos que intentan un viaje así tendrían más de 10,000 horas de vuelo. Irving solo tenía 600. Practicó volar sobre las montañas y los océanos. Pasó un año planeando sus escalas en muchos países, donde rellenaría el tanque de combustible y conocería a muchas personas. Finalmente, con 23 años de edad, Irving despegó de Miami, Florida.

Este avión es similar al avión de Irving, el *Inspiration*.

COMBUSTIBLE Los tanques se alojan en las alas. Contienen cerca de 200 litros (53 galones) en cada ala.

MATERIALES El avión está hecho de materiales muy livianos para reducir la **fuerza** necesaria para moverlo a través del aire.

HÉLICE El movimiento de las aspas propulsa al avión por el aire.

FORMA Las cubiertas sobre las ruedas son una de las características que hacen que el avión sea más **aerodinámico.** Esta característica ayuda a que vuele más rápido con menos combustible que otros aviones similares.

Dentro de la cabina

INSTRUMENTOS DE MEDICIÓN La energía almacenada en una batería produce una **corriente eléctrica** que hace funcionar las luces, los instrumentos de vuelo y una radio. Los instrumentos de medición ayudan al piloto a saber si todos los sistemas están funcionando.

Irving esperaba regresar a Miami en 41 días, pero pronto se enfrentó a desafíos. Nevadas intensas lo demoraron dos semanas en Canadá. Desde allí, Irving voló nueve horas sobre el océano hasta las Azores. Voló alto en el *Inspiration* para evitar las tormentas porque no tenía radar meteorológico ni sistemas de deshielo. Nadie había donado estos equipos e Irving no podía pagarlos. Se encontró con una tormenta de arena mientras volaba sobre Arabia Saudita. Si la arena hubiera tapado la hélice, ¡se podría haber estrellado!

Irving combatió la soledad y la fatiga de estar sentado en una cabina estrecha por horas y volar con pocas horas de sueño. En cada escala, Irving actualizaba su blog, donde 300,000 estudiantes que seguían al *Inspiration* podían ver las fotos. También conoció aficionados y funcionarios locales. En un vuelo de 12 horas desde Japón hasta Alaska, tormentas poderosas sacudieron el avión y limitaron la visibilidad. Aún así, Irving llegó sano y salvo. Unas semanas después, el 27 de junio, Irving aterrizó de vuelta en Miami. Había estado ausente 97 días.

CANADÁ

ESTADOS UNIDOS

ESPAÑA ITALIA

Azores (Portugal)

JAPÓN

EGIPTO

INDIA

EMIRATOS ÁRABES UNIDOS

TAILANDIA

OCÉANO PACÍFICO

OCÉANO PACÍFICO

OCÉANO ATLÁNTICO

OCÉANO ÍNDICO

N O E S

0   2,000   4,000 Millas

0 2,000 4,000 Kilómetros

Irving voló aproximadamente 48,000 kilómetros (30,000 millas). El mapa nombra algunos de los países en los que se detuvo.

Inspirar a los demás

Irving se inspiraba en los jóvenes que conoció mientras planeaba su viaje. En 2005 fundó Experiencia Aviación para enseñar a los jóvenes sobre las profesiones relacionadas con las matemáticas y la ciencia. Los estudiantes asisten a los campos donde pueden construir aviones y conocer a profesionales de la aviación. ¿Qué viene a continuación? Irving está convirtiendo un avión a chorro en un salón de clases volador. Los estudiantes seguirán a Irving en Internet cuando vuele alrededor del mundo una vez más.

Compruébalo   ¿Qué desafíos superó Irving para cumplir su sueño?

Lee para descubrir sobre la historia del programa de transbordadores de la NASA.

EL TRANSBORDADOR ESPACIAL

DE 1981 A 2011

por Jennifer Boudart

¡Es un cohete! ¡Es un avión! ¡Es un taxi espacial gigante! En realidad, es las tres cosas. El transbordador espacial es una **nave espacial reutilizable** construida por la Administración Nacional de Aeronáutica y el Espacio (NASA). Se lanzó como un cohete, aterrizó como un avión y transportó personas y materiales muy por encima de la Tierra.

El *Columbia* reposa en la plataforma de lanzamiento 39A en marzo de 1981. Se prepara todo para su primer vuelo.

ADOR
AL

La NASA envió cinco transbordadores en 134 misiones desde 1981 hasta 2011. Cientos de personas orbitaron la Tierra de esta manera. Realizaron investigaciones, estudiaron la Tierra e incluso ayudaron a construir una estación espacial. ¡Conozcamos los transbordadores!

ENTERPRISE (de 1976 a 1979)
Vehículo de prueba de tamaño estándar que se usó para pruebas de vuelo en la atmósfera y en tierra.

COLUMBIA (de 1979 a 2003)
Misiones: 28
Distancia recorrida: 195,852,325 km (121,696,993 mi.)
Pasajeros en total: 159

CHALLENGER (de 1982 a 1986)
Misiones: 10
Distancia recorrida: 38,079,155 km (23,661,290 mi.)
Pasajeros en total: 60

DISCOVERY (de 1983 a 2011)
Misiones: 39
Distancia recorrida: 238,539,663 km (148,221,675 mi.)
Pasajeros en total: 222

ATLANTIS (de 1985 a 2011)
Misiones: 32
Distancia recorrida: 194,168,813 km (120,650,907 mi.)
Pasajeros en total: 191

ENDEAVOUR (de 1991 a 2011)
Misiones: 25
Distancia recorrida: 197,761,262 km (122,883,151 mi.)
Pasajeros en total: 145

Logros de las misiones

17 de septiembre de 1976

El *Enterprise* salió de la línea de montaje. Nunca voló en el espacio, pero aportó partes para transbordadores que sí lo hicieron.

7 de febrero de 1984

Dos astronautas a bordo del *Challenger* hicieron la primera caminata espacial libre. ¡Bruce McCandless II y Robert L. Stewart flotaron libremente durante seis horas! Usaron cinturones cohete en su traje espacial para maniobrar.

28 de enero de 1986 1986

El *Challenger* explotó después del lanzamiento. Se perdió al transbordador y su tripulación de siete personas.

18 de octubre de 1989

Desde el espacio, el *Atlantis* lanzó la primera nave espacial a Júpiter. La nave espacial no tripulada, llamada *Galilea*, entró en la órbita de Júpiter seis años después.

12 de abril de 1981

El *Columbia* inauguró la primera misión del transbordador espacial. Los dos astronautas que iban a bordo volaron un poco más de 1.6 millones de kilómetros (1 millón de millas) y orbitaron la Tierra 37 veces.

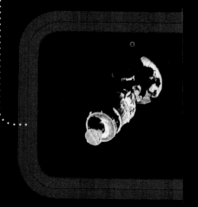

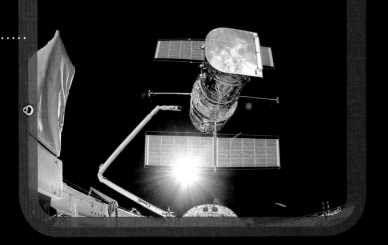

1 de febrero de 2003

El *Columbia* se desintegró mientras regresaba a la Tierra. Se perdió al transbordador y su tripulación de siete personas.

25 de abril de 1990

El *Discovery* lanzó el Telescopio Espacial Hubble. Desde entonces, el telescopio ha visto agujeros negros y galaxias lejanas. Los transbordadores espaciales han visitado el telescopio varias veces para hacer reparaciones.

11 de febrero de 2000

Una tripulación internacional despegó a bordo del *Endeavour*. Usaron antenas de radar para hacer un mapa tridimensional de la superficie de la Tierra. El radar trazó mapas del 80 por ciento de la superficie de la Tierra, como esta cordillera en Rusia. ¡El análisis de las imágenes llevó 4 años!

21 de julio de 2011

El *Atlantis* lanzó un satélite que pondría a prueba nueva tecnología solar. Cuando el transbordador planeó de vuelta a la Tierra, la era de los transbordadores terminó.

29 de octubre de 1998

A bordo del *Discovery*, John Glenn se convirtió en la persona de más edad en el espacio, con 77 años. En 1962, fue el primer astronauta estadounidense que orbitara la Tierra.

Construir un nuevo lugar en el espacio

La Estación Espacial Internacional (ISS, por sus siglas en inglés) es la nave espacial más grande que se haya construido. Tiene el tamaño de una cancha de fútbol americano y pesa casi 450,000 kilogramos (1,000,000 de libras). Está hecha de piezas conectadas que se llaman módulos. Las agencias de 15 países pasaron 12 años construyéndola.

Rusia envió el primer módulo de la ISS al espacio en 1998. Unas semanas después, el *Endeavour* llevó un segundo módulo para conectarlo al primero. Luego viajaron cohetes y otros transbordadores a la ISS. De 1998 a 2011, el *Discovery*, el *Endeavour* y el *Atlantis* hicieron 37 viajes. Transportaron suministros, partes y tripulantes.

∧ Astronautas realizan reparaciones a la ISS en febrero de 2011.

Unos paneles solares convierten la luz solar en energía eléctrica. En conjunto, los paneles solares constituyen cerca de tres cuartos del tamaño total de la ISS. El conjunto aporta la **corriente eléctrica** necesaria para que funcionen los sistemas de la ISS.

No es necesario que la forma de la ISS sea **aerodinámica** porque en la órbita alta de la Tierra no hay suficiente aire que afecte su vuelo.

ISS

- Hasta seis personas viven a bordo de la ISS todo el tiempo. Se desplazan alrededor del planeta cada 90 minutos y estudian el espacio y la Tierra.

- Los módulos de la ISS incluyen lugares para dormir, comer e incluso hacer ejercicio. También tienen laboratorios para experimentar y áreas de control de computadoras y acople.

- Los transbordadores llevaron brazos robóticos que se montaron a la ISS. Los brazos robóticos ayudan a construir la ISS. Ahora, estos desplazan a los astronautas mientras realizan experimentos científicos.

Esta foto de mayo de 2011 del *Endeavour* fue tomada por un cosmonauta ruso a bordo de otra nave espacial que acababa de abandonar la ISS.

19

Misión cumplida

El 8 de julio de 2011, el *Atlantis* salió del Centro Espacial Kennedy de la NASA. Cuatro tripulantes junto con suministros se dirigieron a la ISS. El trabajo era de rutina, pero la misión no. De hecho, era el último vuelo de un transbordador espacial de la NASA. Después de 30 años de trabajar en la órbita de la Tierra, la NASA quería enviar astronautas al espacio más lejano, donde los transbordadores espaciales no podían llegar. La ISS estaba en completo funcionamiento. Naves espaciales de todo el mundo la abastecerían de ahora en adelante.

El *Atlantis* se acopló de manera segura a la ISS dos días después. Por ocho días, los tripulantes de ambas naves espaciales transfirieron suministros del *Atlantis* a la ISS. El Presidente Barack Obama telefoneó para felicitar a todos. El *Atlantis* se separó de la ISS por última vez, y después de lanzar un último satélite, aterrizó el 21 de julio de 2011. El *Atlantis* y los otros transbordadores espaciales estaban en casa para quedarse.

El piloto mueve los alerones en las alas hacia abajo para aterrizar el *Atlantis*. Los alerones comprimen el vapor de agua del aire y esto hace que el vapor de agua se convierta en agua líquida. Por lo tanto, los rastros rizados de las alas son como nubes.

▲ *El hogar del Atlantis es en el Centro Espacial Kennedy. Se puede visitar el Atlantis en el Complejo de Visitantes.*

Una nueva misión

Los transbordadores ya no vuelan, pero todavía funcionan en su hogar final como herramientas para aprender sobre el espacio. ¡Visítalos!

- ATLANTIS Complejo de Visitantes del Centro Espacial Kennedy (Centro Espacial Kennedy, Florida)

- DISCOVERY Museo Nacional del Aire y el Espacio, Centro Steven F. Udvar-Hazy (Chantilly, Virginia)

- ENDEAVOUR Centro de Ciencias de California (Los Ángeles, California)

- ENTERPRISE Complejo del Museo de los Intrépidos del Mar, el Aire y el Espacio (Ciudad de Nueva York, Nueva York)

Compruébalo   ¿Cómo ayudaron los transbordadores espaciales en la exploración del espacio?

GÉNERO Artículo de ingeniería

Lee para descubrir cómo los científicos resolvieron problemas para explorar Marte.

PRÓXIMO DESTINO MAR

El suelo marciano tiene óxido de hierro rojo. Por eso se apoda a Marte "el planeta rojo". Los vientos levantan nubes gigantes de polvo rojo que rodean al planeta.

por Judy Elgin Jensen

TE

¿Es posible la vida en Marte?

Quizá. Los científicos intentan averiguarlo. Marte es nuestro vecino planetario más cercano. En algunas cosas se parece a la Tierra. Marte y la Tierra tienen aproximadamente la misma cantidad de tierra seca. Sus atmósferas están constituidas por gases similares, aunque el aire marciano contiene cantidades mortales de dióxido de carbono. Ambos planetas tienen estaciones y días de duración similar. Marte tiene volcanes, cañones y casquetes de hielo como los de la Tierra. El medio ambiente de la Tierra sustenta la vida, entonces, ¿qué pasa con Marte? Los científicos creen que Marte antiguamente quizá tenía agua líquida. El agua quizá todavía permanezca bajo tierra, a mucha profundidad. Si es así, la vida microscópica puede haber existido en Marte en el pasado, o quizá incluso exista en la actualidad. La Administración Nacional de Aeronáutica y el Espacio (NASA) está explorando Marte en busca de evidencia de vida. El *Curiosity Rover,* un laboratorio científico móvil de la NASA, ha estado recorriendo Marte desde el 5 de agosto de 2012.

EL LARGO CAMINO AL DESPEGUE

Los técnicos trabajan en el *Curiosity* en un laboratorio de California. No deben contaminar al explorador con gérmenes. No quieren que los gérmenes terrestres lleguen a Marte.

El *Curiosity* no es el primer explorador que aterriza en Marte, pero es el que tiene la tecnología más avanzada. Es más grande y más móvil que los demás, y lleva muchos instrumentos científicos. La NASA pasó 10 años preparando la misión del *Curiosity*.

Los ingenieros tuvieron que construir el *Curiosity* y una **nave espacial** para llevarlo. Los científicos tuvieron que calcular una fecha de aterrizaje en la que la Tierra y Marte se alinearan. ¡Esto sucede solo cada 26 meses! Los científicos también tuvieron que trazar un curso a través del espacio. El viaje tomaría 254 días y cubriría 566,500,000 kilómetros (352,000,000 millas). ¿Y cuándo y cómo aterrizaría el *Curiosity*? La NASA nunca antes había aterrizado un explorador del tamaño de un carro. El día del despegue llegó el 26 de noviembre de 2011 y las emociones estaban exaltadas.

Los trabajadores cargan al *Curiosity* y su nave espacial dentro de un cono protector antes de colocarlo en la parte superior de un cohete.

Una estudiante de sexto grado de Kansas ganó un concurso de ensayos. ¡Le puso el nombre al *Curiosity* y firmó el explorador!

Un cohete que lleva al *Curiosity* despega de la Estación de la Fuerza Aérea Cabo Cañaveral en la Florida el 26 de noviembre de 2011. La nave espacial que lleva al *Curiosity* se separa del cohete unos 45 minutos después.

EL VIAJE

¡El *Curiosity* estaba en camino! Por nueve meses, los científicos monitorearon la nave espacial y la mantuvieron en su trayectoria. Finalmente, la nave espacial llegó a la atmósfera externa de Marte. Era el momento de la fase de entrada, descenso y aterrizaje (EDL, por sus siglas en inglés). Los exploradores anteriores se habían dejado caer en Marte, pero el *Curiosity* era demasiado grande para dejarlo caer. La NASA iba a probar un nuevo método, pero temía que no funcionara y que la enorme cantidad de dinero que se había gastado en la misión se desperdiciara.

La **fricción** desaceleró al *Curiosity* mientras entraba en la atmósfera de Marte. Luego, un paracaídas gigante se abrió en la parte trasera de la nave espacial y lo desaceleró aún más. Después, se desplegó el escudo protector térmico. El *Curiosity* todavía estaba dentro de la mitad trasera de la nave espacial. Estaba sujeto a una grúa aérea con cohetes para controlar su propia velocidad y dirección. La grúa aérea se eyectó a continuación y disparó sus cohetes hacia arriba. A unos seis pisos de la superficie, la grúa descendió al *Curiosity*. Las ruedas del explorador tocaron el suelo y la grúa aérea se fue volando. El *Curiosity* aterrizó justo en su objetivo, en un área llamada cráter Gale.

La NASA solo tenía que esperar para ver si su método de aterrizaje funcionaba. Llamaron a este momento los "7 minutos de terror".

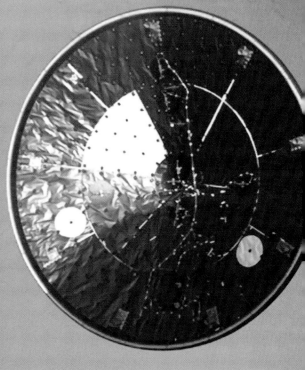

Una cámara del *Curiosity* tomó esta foto del escudo térmico desprendiéndose. ¡Los 7 minutos de terror casi habían terminado!

Un satélite que orbita Marte tomó esta foto
del paracaídas que desaceleró al *Curiosity*.

La nave espacial entró en la atmósfera de Marte viajando a
21,000 kilómetros por hora (13,000 millas por hora). Se desaceleró
al encontrarse con la fricción de la atmósfera. Pero la fricción
también causó un calor intenso. ¿El *Curiosity* aterrizaría sano y salvo?

La nave espacial entra en la
atmósfera 21,000 kph (13,000
mph) 125 km (78 mi.) por encima
de la superficie.

La grúa aérea y el *Curiosity*
se separan 290 kph
(180 mph) 1.5 km (1 mi.)
por encima de la
superficie.

El paracaídas se abre
1,700 kph (1050 mph)
10 km (6 mi.) por encima
de la superficie.

Se descarta el escudo
térmico 576 kph (358
mph) 7 km (4 mi.) por
encima de la superficie.

La grúa aérea desciende al
Curiosity 1.7 kph (1 mph)
20 m (65 pies) por encima
de la superficie.

El *Curiosity* se libera para aterrizar.
La grúa aérea se va volando y se
estrella.

Los científicos de la NASA creen que el cráter Gale puede haber contenido agua alguna vez. Quizá todavía tenga rastros de agua y carbono, un mineral necesario para la vida. Después de unas semanas de pruebas, los científicos llevaron al *Curiosity* en su primer paseo. Los científicos dirigen en la actualidad al *Curiosity* para reunir y examinar muestras del suelo y la atmósfera.

El *Curiosity* es el primer explorador que puede examinar muestras en el lugar. Diez instrumentos científicos y 17 cámaras ayudan al explorador a hacer su trabajo. Echa un vistazo a este dibujo de cómo luciría el *Curiosity* en la superficie de Marte. Luego, sigue leyendo para comparar este dibujo con el autorretrato del *Curiosity*.

EL CURIOSITY:
UN VISTAZO MÁS DE CERCA

LONGITUD: 3 M (10 PIES)

ALCANCE DEL BRAZO: 2.2 M (7 PIES)

PESO: 910 KG (2,000 LBS.)

ANCHO: 2.7 M (9 PIES)

ALTURA: 2.2 M (7 PIES)

VELOCIDAD MÁXIMA: 4 CM (1.5 PULG.) POR SEGUNDO

ANTENA

CUERPO

FUENTE DE ENERGÍA

DETECTOR DE NEUTRONES

El *Curiosity* explorará Marte por dos años, aproximadamente.

RUEDAS

SEIS RUEDAS en "patas" articuladas permiten al *Curiosity* trepar cuestas y rodar sobre rocas grandes. Trabando cinco de las ruedas, el *Curiosity* puede usar la sexta para cavar bajo la superficie.

Un **BRAZO ROBÓTICO** saca paladas de roca y suelo, y las entrega para examinarlas. También tiene equipos de aumento y rayos X para estudiar los minerales de cada muestra.

El **MÁSTIL** tiene seis cámaras para "ver" su camino.

Cuatro pares de cámaras **HAZCAMS** vigilan que no haya riesgos.

El analizador químico **CHEMCAM** tiene un láser para hacer pequeños agujeros en las rocas y el suelo. Según cómo se quema una muestra, exhibe las sustancias químicas que contiene.

Una **FUENTE DE ENERGÍA** convierte el calor en energía que se almacena en las baterías. Las baterías luego producen una corriente eléctrica para los sistemas del explorador.

Una **ESTACIÓN METEOROLÓGICA** registra las condiciones meteorológicas y la cantidad de radiación ultravioleta del Sol.

Una **BANDEJA DE OBSERVACIÓN** les da a las herramientas de los brazos robóticos un lugar para examinar las muestras.

Un **DETECTOR DE NEUTRONES** comprueba si hay agua en las rocas y el suelo.

Una **ANTENA** permite la comunicación con los científicos en la Tierra.

Dentro del **CUERPO,** las computadoras monitorean todos los sistemas del explorador.

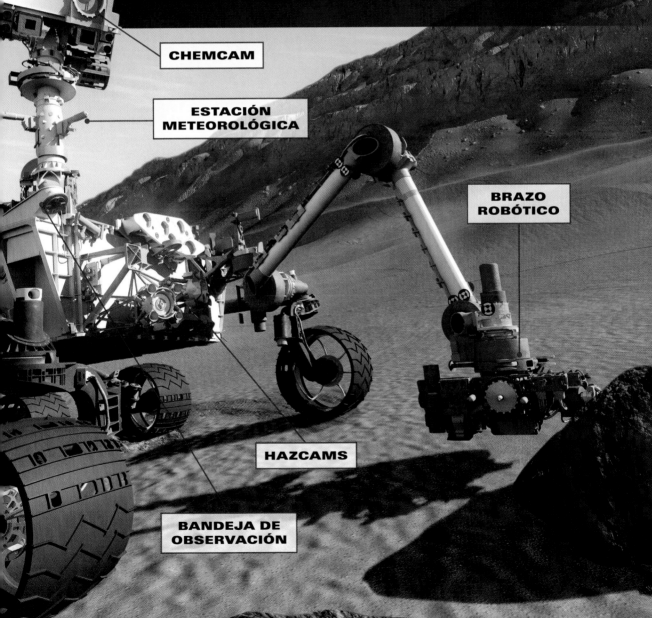

MÁSTIL

CHEMCAM

ESTACIÓN METEOROLÓGICA

BRAZO ROBÓTICO

HAZCAMS

BANDEJA DE OBSERVACIÓN

El *Curiosity* envió más de 23,000 imágenes a la Tierra en sus primeras 16 semanas.

Este es el autorretrato del *Curiosity*. La cámara del brazo robótico del explorador tomó más de 50 fotos desde diferentes posiciones. Las fotos luego se combinaron para crear una sola imagen.

PRIMEROS DESCUBRIMIENTOS

Las primeras pruebas del *Curiosity* funcionaron sin problemas. Primero, el explorador reunió muestras de arena de un área llamada Rocknest. Su brazo robótico también hizo estallar una roca con su rayo láser y analizó su polvo. El *Curiosity* luego comenzó a moverse. Descubrió un lecho de un antiguo arroyo y una enorme tormenta de polvo distante. Los instrumentos dentro del explorador analizaron las muestras en profundidad.

El *Curiosity* identificó rastros de agua en la arena. Cuando la calentó, la arena también formó una sustancia química que contenía una pequeña cantidad de carbono. El carbono es un elemento fundamental para la vida. Sin embargo, los científicos no saben cómo llegó este carbono al suelo. El explorador continúa avanzando lentamente hacia su principal objetivo, una montaña llamada Sharp. ¡Los científicos apenas pueden esperar para ver qué le espera al *Curiosity* allí!

LENTO PERO SEGURO: 123 DÍAS, 598 M (1,961 PIES)

ATERRIZAJE BRADBURY

BAHÍA YELLOW KNIFE

ROCKNEST

LAGO POINT

BAHÍA YELLOWKNIFE

SOL 123

SHALER

METROS
0   5 10   20

Los científicos rastrean el camino del *Curiosity* en mapas fotográficos como este. ¡Tú también puedes hacerlo! Están en el sitio Web de la NASA.

Compruébalo ¿Cómo se diseñó al *Curiosity* para que viajara a través de la superficie de Marte?

Comenta

1. ¿Qué conexiones se pueden establecer entre las cuatro lecturas de *¡Sigamos moviéndonos!?*

2. ¿Qué te sorprendió del diseño y la tecnología de los primeros carros?

3. ¿Qué lectura contenía el problema más complejo? ¿Cómo intentaron resolverlo los científicos? ¿Por qué fue tan difícil?

4. ¿Qué hemos aprendido gracias al *Curiosity* hasta ahora? ¿Qué más esperan aprender los científicos?

5. ¿Qué te sigues preguntando sobre las maneras en que las personas van de un lugar a otro? ¿Cuáles serían algunas buenas maneras de hallar más información?